Lamyaa Taha

Ostatnio zaawansowane technologicznie przetwarzanie obrazów

AF549357

Lamyaa Taha

Ostatnio zaawansowane technologicznie przetwarzanie obrazów

(Detekcja zmian za pomocą sieci neuronowej)

Wydawnictwo Bezkresy Wiedzy

Imprint
Any brand names and product names mentioned in this book are subject to trademark, brand or patent protection and are trademarks or registered trademarks of their respective holders. The use of brand names, product names, common names, trade names, product descriptions etc. even without a particular marking in this work is in no way to be construed to mean that such names may be regarded as unrestricted in respect of trademark and brand protection legislation and could thus be used by anyone.

Cover image: www.ingimage.com

This book is a translation from the original published under ISBN 978-620-0-48309-6.

Publisher:
Wydawnictwo Bezkresy Wiedzy
is a trademark of
Dodo Books Indian Ocean Ltd., member of the OmniScriptum S.R.L Publishing group
str. A.Russo 15, of. 61, Chisinau-2068, Republic of Moldova Europe
Printed at: see last page
ISBN: 978-620-0-81703-7

Copyright © Lamyaa Taha
Copyright © 2020 Dodo Books Indian Ocean Ltd., member of the OmniScriptum S.R.L Publishing group

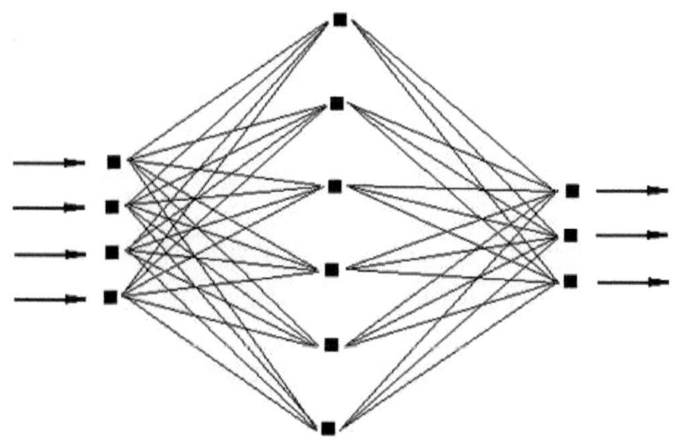

Ostatnio zaawansowane technologicznie przetwarzanie obrazów

(Detekcja zmian za pomocą sieci neuronowej)

Lamyaa Gamal EL-Deen Taha

1. Wprowadzenie

Monitorowanie zmian w czasie jest jednym z głównych obszarów badań naukowych w dziedzinie teledetekcji. Wykrywanie zmian jest użyteczną technologią, która może uzyskiwać informacje o zmianach w czasie, porównując je i analizując wśród multitemporalnych obrazów cyfrowych. Istnieją różne techniki wykrywania zmian. Niezbędny jest dokładny algorytm wykrywania zmian. Co więcej, złożoność algorytmu powinna być jak najmniejsza, ponieważ zazwyczaj konieczne jest przeprowadzenie sekwencji detekcji zmian.[12]

Obróbka obrazu i widzenie komputerowe rozwijały się niezależnie od fotogrametrii z tego prostego powodu, że fotogrametrzy zachowali główną zaletę pracy z obrazami graficznymi o bardzo wysokiej jakości geometrycznej i radiometrycznej.

Dopiero od niedawna rozwój grafiki komputerowej i obrazu cyfrowego zasługuje na uwagę fotogrametrów. Obecnie istnieje bardzo pożądana konwergencja pomiędzy fotogrametrią, teledetekcją, przetwarzaniem obrazu i komputerowym widzeniem jest oczywiste, że fotogrametria może korzystać z istniejącego doświadczenia w zakresie cyfrowego przetwarzania obrazu.

Sztuczna sieć neuronowa (NN) (ANN) może być postrzegana jako model matematyczny składający się z wielu nieliniowych elementów obliczeniowych, zwanych neuronami, działających równolegle i masowo połączonych łącznikami o różnej masie. Uczenie się sieci neuronowej odbywa się poprzez zasilenie jej parami wektorów: wektor wejściowy zawierał liczbę wejść, które posiadamy (w tym przypadku pomiary prowadzone przez przyrząd satelitarny), wektor wyjściowy zawierał odpowiednie znane wyjścia. 9] Sieć neuronowa może być wykorzystywana do różnych zastosowań w teledetekcji, takich jak: klasyfikacja obrazów jednodniowych, rozpoznawanie wzorów, korekcja geometryczna (ortorektyka) i wykrywanie zmian.

Badanie to bada przydatność sztucznej sieci neuronowej do wykrywania zmian. Rozdział pierwszy zawiera wprowadzenie na temat celu wykrywania zmian, definicji sztucznej sieci neuronowej, uczenia się o sieci neuronowej, zastosowań sieci neuronowej w teledetekcji oraz celu tych badań. Rozdział drugi to przegląd literatury dotyczącej sieci neuronowej. Część trzecia dotyczyła sieci neuronowej, wymieniono niektóre definicje sieci neuronowej, neuronu. Wyjaśniono pojęcie sieci neuronowych. Zbadano topologię sieci neuronowej. Omówiono pokrótce niektóre typy sieci neuronowych, koncentrując się na wielowarstwowej sieci perceptronowej. Omówiono sekcję czwartą dotyczącą implementacji MLP z treningiem BP, treningiem warstwy wyjściowej oraz treningiem warstwy ukrytej. Sekcja piąta dotyczyła wielowarstwowego algorytmu perceptronowego *wykorzystującego interpagację wsteczną*. Omówiono sekcję szóstą dotyczącą wykorzystania sieci neuronowej do klasyfikacji, wymieniono oprogramowanie wykorzystujące sieć neuronową do klasyfikacji. Następnie dokonano porównania sieci neuronowych z klasyfikacją statystyczną, a także dokonano oceny wydajności różnych algorytmów sieci neuronowych do klasyfikacji. W sekcji siódmej, dotyczącej wykrywania zmian, zbadano dwie techniki wykrywania zmian z wykorzystaniem sieci neuronowych, a następnie wymieniono metody oceny dokładności. W sekcji ósmej przedstawiono wnioski.

Słowa kluczowe: detekcja zmian - Algorytm wstecznej propagacji sieci neuronowej - Wielowarstwowa sieć perceptronowa (MLP) - Algorytm szkolenia w zakresie topologii sieci neuronowej-learningowej

2. Przegląd literatury

Niektóre z proponowanych metodologii wykrywania zmian to: bezpośrednia klasyfikacja wielodniowa z wykorzystaniem połączonego zbioru danych (hyper clustering) (Leckie i in., 2002), różnicowanie obrazów, różnicowanie indeksów, analiza składników głównych (PCA), analiza wektorów zmian, różne metody wykrywania zmian po klasyfikacji, w tym analiza obiektowa i wykrywanie zmian na podstawie paczek. Przegląd metod wykrywania zmian jest dostępny w Singh (1989). Sztuczne sieci neuronowe (ANN) zostały wykorzystane w podejściach postklasyfikacyjnych (struktura dwustopniowej sieci neuronowej) (Kushardono i in., 1995) oraz do bezpośredniego wykrywania zmian dwudniowych (Gopal i Woodcock, 1996). Jedną z zalet ANN w zakresie wykrywania zmian jest możliwość zintegrowania typów danych z wielu czujników (Benediktsson i Sveinsson, 1997) oraz informacji uzupełniających (informacje obiektowe, tekstury i informacje spektralne) w jednym procesie klasyfikacji (Iong Dai i Khorram, 1999). Inne zalety są nieodłącznie związane z charakterem sieci neuronowych: brak założeń o normalności w zbiorach danych, zdolność do wychwytywania nieliniowości (Gopal i Woodcock, 1996). Różne zastosowania sieci ANN do celów teledetekcji tła zostały opublikowane np. w Benediktsson, Swain i Ersoy (1990); Benediktsson i Sveinsson (1997); Bischof, Schneider i Pinz (1992); Egmont-Petersen, de Ridder iHandels (2002) oraz w Serpico i Roli (1995), a także do celów teledetekcji lasów w Gopal i Woodcock (1996); Machado i in. (1993) oraz Paola i Schwengerdt (1995). Najpowszechniej stosowanym typem sieci neuronowej jest wielowarstwowa sieć perceptronowa (MLP), która jest używana wraz z klasyfikacją przekazu do przodu i do tyłu (procedura szkoleniowa) z zastosowaniem uogólnionej zasady delty do nauki. Wiele innych typów sieci zostało zaproponowanych w przeszłości dla różnych zastosowań. Przegląd można znaleźć w Egmont-Petersen, de Ridder i Handels (2002).[8] Wielowarstwowe sieci perceptronowe (MLP) z uprzedzeniami i jedną ukrytą warstwą esicy są zdecydowanie najczęściej stosowaną topologią sieci, prawdopodobnie dlatego, że są w stanie zbliżać do siebie każdą funkcję z określoną liczbą nieciągłości (Lippmann, 1987; Cybenko, 1989; Hornik *i in.* , 1989), o ile tylko odbywa się odpowiedni trening. Topologia ta wykazała swoje zalety również w innych zastosowaniach teledetekcji (Benediktsson i Sveinsson, 1997; Kaminsky *i in.* , 1997). Modelowanie ANN zyskało na popularności po stworzeniu algorytmu treningowego Back Propagation (BP), poprzez uogólnienie zasady uczenia się Widrow-Hoff do sieci wielowarstwowych i nieliniowych funkcji transferu różnicowego (Rumelhart *i in.* , 1986). BP pozwala na nadzorowane mapowanie wektorów wejściowych i odpowiadających im wektorów docelowych.[20] Tradycyjnie, sztuczna sieć neuronowa (ANN) była stosowana tylko do wykonywania klasyfikacji obrazów jednodniowych.[12] Zasada algorytmu wstecznej propagacji została początkowo zaproponowana przez Werbosa i ponownie odkryta przez Rumelharta. Od początku lat dziewięćdziesiątych kilku badaczy porównało wydajność sieci neuronowych z konwencjonalnymi metodami statystycznymi do zastosowań teledetekcji. Benediktsson i in. ocenili te dwie metody klasyfikacji danych teledetekcyjnych z wielu źródeł. Zauważyli oni, że sieć neuronowa ma duży potencjał jako metoda rozpoznawania wzorców dla wieloźródłowych danych teledetekcyjnych ze względu na brak dystrybucji sieci neuronowej. Bishof i wsp. oraz Paola i Schowengerdt porównali metody klasyfikacji wielospektralnej danych Landsat TM i obaj stwierdzili, że przy odpowiednim przeszkoleniu sieć neuronowa jest w stanie osiągać lepsze wyniki niż klasyfikacja najwyższego prawdopodobieństwa. Del Frate i wsp.[9] sieć neuronowa z propagacją wsteczną (ang. back-propagation neural network, BPNN) jest uważana za bardziej odpowiednią do klasyfikacji danych SAR niż powszechnie stosowany klasyfikujący maksymalne prawdopodobieństwo (Chakraborty i wsp., 1997; Gimeno i wsp., 2002 a,b).[14]

3. Sieci neuronowe

Sztuczna sieć neuronowa (ANN), zwana również symulowaną siecią neuronową (SNN) lub po prostu siecią neuronową (NN), jest połączoną grupą sztucznych neuronów, która wykorzystuje matematyczny lub obliczeniowy model do przetwarzania informacji oparty na łącznikowym podejściu do obliczeń. W modelu sieci neuronowej, proste węzły (nazywane w różny sposób "neuronami", "neurodami", "PE" ("elementami przetwarzającymi") lub "jednostkami") są połączone razem, tworząc sieć węzłów - stąd też termin "sieć neuronowa".[1]Patrz rysunek 1. Sieć neuronowa jest podobna do ogromnej sieci neuronów w ludzkim mózgu. [1]

3.1.Idea sieci neuronowych

Ideą sieci neuronowych jest naśladowanie zdolności obliczeniowych systemów biologicznych poprzez tworzenie wzajemnie powiązanych sztucznych systemów neuronowych. Te sztuczne węzły neuronowe pobierają informacje wejściowe i wykonują bardzo proste operacje oraz selektywnie przekazują je do innych neuronów. Ciężary połączeń między neuronami są następnie korygowane przy użyciu metody treningowej[8] Modele NN są głównie określone przez topologię sieci i zasady treningu. Termin topologia odnosi się do struktury sieci jako całości: liczby jej wejść, wyjść i jednostek ukrytych oraz sposobu, w jaki są one połączone.[9] Liczba neuronów w warstwie wejściowej zależy od liczby możliwych wejść, natomiast liczba neuronów w warstwie wyjściowej zależy od liczby pożądanych wyjść. Ilość warstw ukrytych i ilość neuronów w każdej z nich nie może być z góry określona i może się zmieniać w zależności od konfiguracji sieci i rodzaju danych. [17] Neurony, które są potrzebne w warstwie esicy ukrytej, definiuje się zazwyczaj co najmniej jako liczbę węzłów w warstwie wejściowej. W oparciu o teorię Kołmogorowa, 2N+1 ukryte węzły powinny być używane dla jednej ukrytej warstwy (gdzie N to liczba węzłów wejściowych).[3],[21] Również może to być rozwiązane poprzez próbę i błąd. [20] Optymalna struktura sieci zależy od potrzeb aplikacji i jest trudna do przewidzenia.[8]

Jak widać na rysunku 1(a,b,c), w naszej sieci znajdują się 3 warstwy (możemy zrobić ich więcej, ale jeśli zrobimy ich mniej - będziemy mieli mniej zdolną sieć. Tworzenie 4 warstw jest czasem przydatne, gdy szukasz czegoś nieoczywistego. Dla 99% zadań, 3 warstwy to najlepszy wybór). W warstwie wejściowej znajduje się N neuronów, gdzie N równa się liczbie wejść. W warstwie wyjściowej znajdują się neurony M, gdzie M równa się liczbie wyjść.[18]

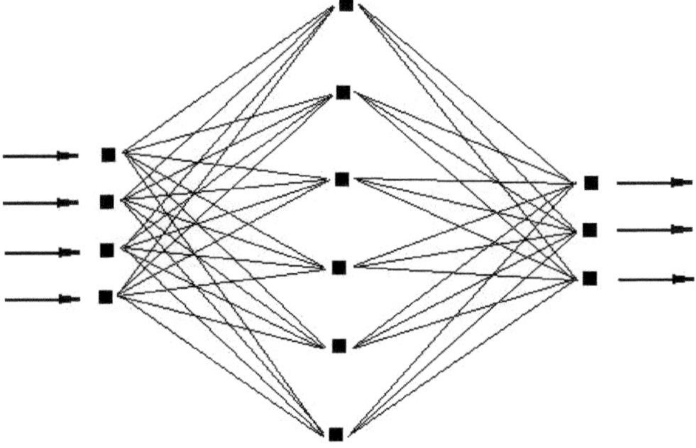

Rysunek 1.a. Sieć neuronowa z trzema wyjściami .

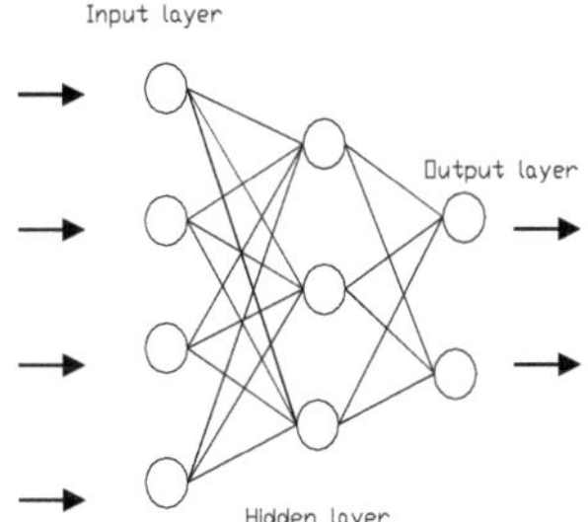

Rysunek 1.b. Sieć neuronowa z dwoma wyjściami .

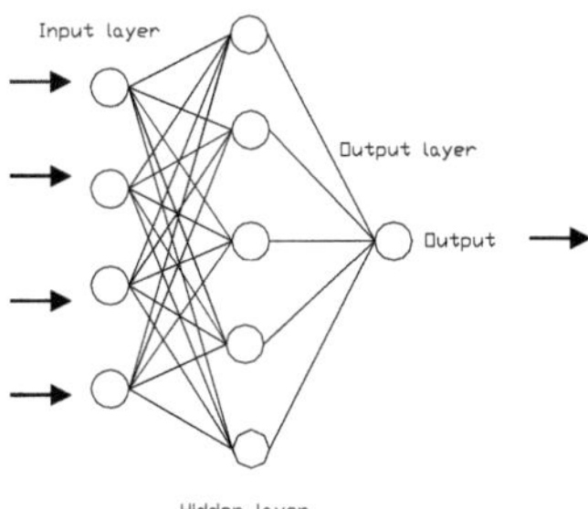

Rysunek 1.c. Sieć neuronowa z jednym wyjściem.

3.2.Neuron

W kontekście NN, neuron jest modelem komórki nerwowej u zwierząt i ludzi. Model ten jest uproszczony, ale jak się okazało, jest bardzo praktyczny. Pomyśl o neuronie jako o programie (lub klasie, jeśli chcesz), który ma jedno lub więcej wejść i wytwarza jedno wyjście. Wejścia symulują bodźce/sygnały, które otrzymuje neuron, a wyjście symuluje odpowiedź/sygnał, który neuron generuje. Wyjście jest obliczane przez pomnożenie każdego wejścia przez inną liczbę (zwaną wagą), zsumowanie ich wszystkich, a następnie skalowanie sumy do liczby od 0 do 1.

Poniższy wykres na rysunku 2 przedstawia prosty neuron z:

1. Trzy wejścia [x1, x2, x3]. Wartości wejściowe są zazwyczaj skalowane do wartości pomiędzy 0 a 1.
2. Trzy obciążniki wejściowe [w1, w2, w3]. Wagi są liczbami rzeczywistymi, które zazwyczaj są inicjowane na jakieś liczby losowe. W kontekście programisty, pomyśl o wadze jako o zmiennej typu float/real, którą można zainicjować na liczbę losową pomiędzy 0 a 1.
3. Jedno wyjście O. Neuron ma jedno (i tylko jedno) wyjście. Jego wartość mieści się w zakresie od 0 do 1, może być skalowany do pełnego zakresu wartości rzeczywistych.

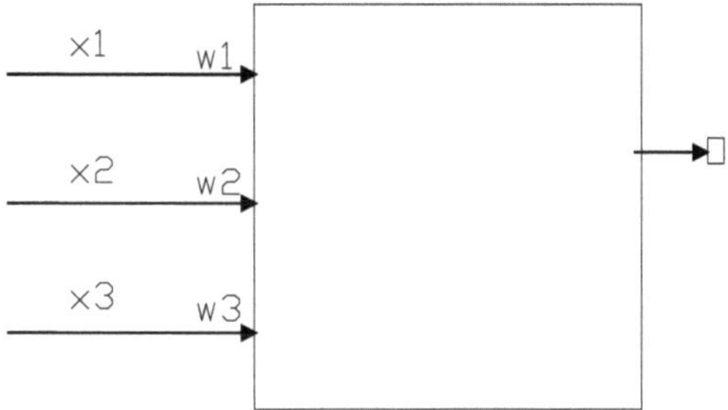

Rysunek 2 . Neuron.

Niech Wx= (x1 * wl) + (x2 * w2) + (x3 * w3) Równanie1

W sposób bardziej ogólny, dla n liczby wejść: ($\sum$ oznacza sumę)

Wx = $\sum$ xi * wi ... dla i=1 do n Równanie 2

X jest wektorem wejścia, w jest wektorem wagi [23].

Niech b będzie prawdziwym numerem, który nazwiemy Threshold. Eksperymenty pokazały, że najlepsze wartości dla b są pomiędzy 0.25 a 1. Ponownie, w kontekście programisty, b jest tylko zmienną typu float/real, która jest inicjowana na dowolną liczbę pomiędzy 0.25 a 1.

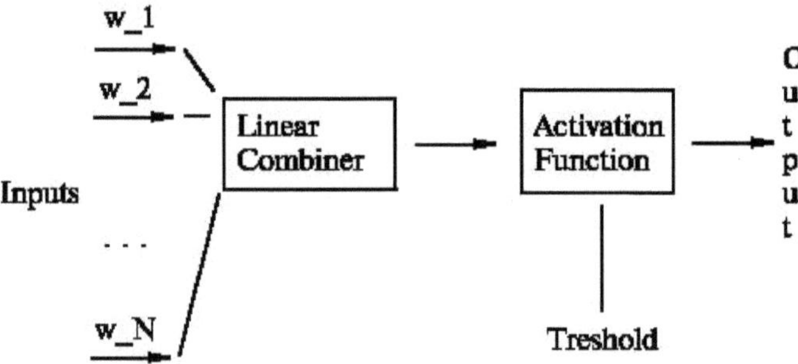

Rysunek 3. Zastosowanie funkcji aktywacji sygmoidy.

O= F(Wx + b) ... Zastosuj esicę, aby uzyskać liczbę z przedziału od 0 do 1 Równanie 3

Oznacza to, że wyjście O jest wynikiem zastosowania funkcji aktywacji sygmoidy F on (Wx + b). W zastosowaniach NN wyzwaniem jest znalezienie odpowiednich wartości dla wag i progu.[17]

F(Z) = 1/(1+exp(-Z) Równanie 4

Gdzie argument Z jest (Wx + b) .Funkcja aktywacji sygmoidy zbliża się do 1 dla Z dużego i dodatniego i 0 dla Z dużego i ujemnego.[23]

Pojedynczy neuron sam w sobie nie jest bardzo użytecznym narzędziem do rozpoznawania wzorców. Prawdziwa siła sieci neuronowych pojawia się, gdy łączymy neurony w struktury wielowarstwowe, zwane... no... sieciami neuronowymi. [18]

3.3.Rodzaje sieci neuronowych

Istnieją różne rodzaje sieci neuronowych, takich jak Feedforward sieci neuronowej, Single-layer perceptron, Multi-layer perceptron, ADAINE, MADAINE, Learnmatrix, radial base function(RBF), itp...

3.3.1.Sieć neuronowa zasilająca

Sieci neuronowe typu feedforward są pierwszym i prawdopodobnie najprostszym rodzajem sztucznych sieci neuronowych, jakie zostały stworzone. W tej sieci, informacja porusza się tylko w jednym kierunku, do przodu, od węzłów wejściowych, przez węzły ukryte (jeśli istnieją) i do węzłów wyjściowych. W sieci nie ma żadnych cykli ani pętli.[1]

3.3.2.Perceptron jednowarstwowy

Najszybszym rodzajem sieci neuronowej jest jednowarstwowa sieć perceptronowa, która składa się z pojedynczej warstwy węzłów wyjściowych; wejścia są doprowadzane bezpośrednio do wyjść poprzez szereg wag.Patrz rysunek 4. W ten sposób można ją uznać za najprostszy rodzaj sieci zasilającej. Suma iloczynów mas i wejść jest obliczana w każdym z węzłów, a jeśli wartość jest powyżej pewnego progu (zazwyczaj 0), neuron wystrzeliwuje i przyjmuje wartość aktywowaną (zazwyczaj 1); w przeciwnym razie przyjmuje wartość dezaktywowaną (zazwyczaj -1). Neurony z takim rodzajem funkcji aktywacji są również nazywane neuronami McCulloch-Pitts lub neuronami progowymi. W literaturze termin perceptron często odnosi się do sieci składających się tylko z jednej z tych jednostek. Zostały one opisane przez Warrena McCullocha i Waltera Pittsa w latach czterdziestych XX wieku.

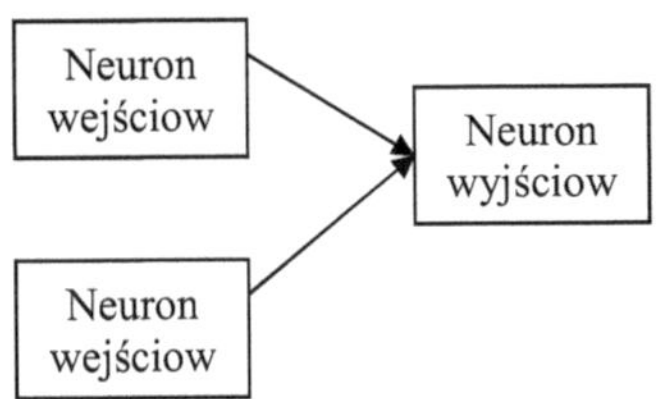

Rysunek 4. Perceptron jednowarstwowy.

Perceptron może być tworzony przy użyciu dowolnych wartości dla stanów włączonych i wyłączonych, o ile wartość progowa leży pomiędzy nimi. Większość perceptronów posiada wyjścia 1 lub -1 o progu 0 i istnieją pewne dowody, że takie sieci mogą być szkolone szybciej niż sieci tworzone z węzłów o różnych wartościach aktywacji i dezaktywacji.

Perceptrony mogą być szkolone za pomocą prostego algorytmu uczenia się, który jest zwykle nazywany regułą delta. Oblicza on błędy pomiędzy obliczonymi danymi wyjściowymi a próbkami danych wyjściowych i wykorzystuje to do stworzenia korekty wag, wdrażając w ten sposób formę gradientu opadania.

Jednowarstwowe perceptrony są zdolne do uczenia się tylko liniowo rozdzielnych wzorców; w 1969 roku w słynnej monografii Marvina Minsky'ego i Seymoura Paperta zatytułowanej Perceptrony pokazano, że jednowarstwowa sieć perceptronów nie jest w stanie nauczyć się funkcji XOR. Domyślali się oni (błędnie), że podobny wynik byłby możliwy do osiągnięcia dla wielowarstwowej sieci perceptronowej. Chociaż pojedyncza jednostka progowa jest dość ograniczona w swojej mocy obliczeniowej, wykazano, że sieci równoległych jednostek progowych mogą przybliżać dowolną funkcję ciągłą z kompaktowego przedziału liczb rzeczywistych do przedziału [-1,1]. Ten bardzo niedawny wynik można znaleźć w [Auer, Burgsteiner, Maass: The p-delta learning rule for parallel perceptrons, 2001 (stan styczeń 2003: złożony do publikacji)].

Jednowarstwowa sieć neuronowa może obliczyć wyjście ciągłe zamiast funkcji krokowej. Powszechnym wyborem jest tzw. funkcja logistyczna:

1/1+exp(-Z) Równanie 5

Dzięki temu wyborowi sieć jednowarstwowa jest identyczna z modelem regresji logistycznej, szeroko stosowanym w modelowaniu statystycznym. Funkcja logistyczna jest również znana jako funkcja sigmoidalna. Posiada ona ciągłą pochodną, co pozwala na jej wykorzystanie w backpropagacji.[1]

3.3.3. Perceptron wielowarstwowy

Jest to być może najbardziej popularna obecnie stosowana architektura sieciowa, pierwotnie dzięki Rumelhartowi i McClellandowi (1986) i szeroko omawiana w większości podręczników do sieci neuronowych (np. Bishop, 1995)[16].
Ta klasa sieci składa się z wielu warstw jednostek obliczeniowych, zwykle połączonych ze sobą na zasadzie feed-forward. Każdy neuron w jednej warstwie ma ukierunkowane połączenia z neuronami kolejnej warstwy. W wielu zastosowaniach jednostki tych sieci stosują funkcję sygmoidalną jako funkcję aktywacyjną.[1]

Uniwersalne twierdzenie aproksymacyjne dla sieci neuronowych stwierdza, że każda funkcja ciągła, która mapuje odstępy między liczbami rzeczywistymi do pewnego przedziału wyjściowego liczb rzeczywistych, może być dowolnie przybliżona przez wielowarstwowy perceptron z tylko jedną ukrytą warstwą. Wynik ten odnosi się tylko do ograniczonych klas funkcji aktywacyjnych, np. funkcji sygmoidalnych.

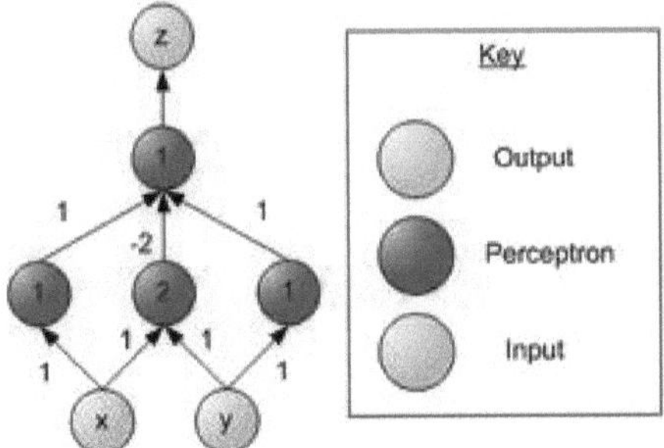

Rysunek 5. Perceptron wielowarstwowy.

Rysunek 5 przedstawia dwuwarstwową sieć neuronową zdolną do obliczania XOR. Liczby w obrębie neuronów reprezentują próg jawności każdego neuronu (który może być uwzględniony tak, aby wszystkie neurony miały ten sam próg, zazwyczaj 1). Liczby, które anotują strzałki, reprezentują wagę danych wejściowych. Sieć ta zakłada, że jeśli próg nie zostanie osiągnięty, na wyjściu jest zero (nie -1). Zauważ, że dolna warstwa wejść nie zawsze jest uważana za prawdziwą warstwę sieci neuronowej.

Sieci wielowarstwowe wykorzystują różne techniki nauczania, z których najbardziej popularne są techniki propagacji w tle. Tutaj wartości wyjściowe są porównywane z prawidłową odpowiedzią, aby obliczyć wartość pewnej wcześniej zdefiniowanej funkcji błędu. Przez różne techniki błąd jest następnie przekazywany z powrotem przez sieć. Korzystając z tych informacji, algorytm dostosowuje wagi każdego połączenia w celu zmniejszenia wartości funkcji błędu o jakąś niewielką ilość. Po powtórzeniu tego procesu dla wystarczająco dużej liczby cykli treningowych, sieć zazwyczaj zbiega się do pewnego stanu, w którym błąd obliczeń jest niewielki. W tym przypadku mówi się, że sieć nauczyła się pewnej funkcji docelowej. Aby prawidłowo dostosować wagi, stosuje się ogólną metodę dla zadania optymalizacji nieliniowej, która nazywa się gradientowym zjazdem. W tym celu jest obliczane wyprowadzenie funkcji błędu w odniesieniu do wag sieciowych i wagi są następnie zmieniane tak, aby błąd zmniejszał się (w ten sposób zjeżdżając w dół po powierzchni funkcji błędu). Z tego powodu back-propagacja może być stosowana tylko w sieciach z różnymi funkcjami aktywacyjnymi.

Ogólnie rzecz biorąc, problem nauczania sieci, która sprawdza się dobrze, nawet na próbkach, które nie były wykorzystywane jako próbki szkoleniowe, jest dość subtelną kwestią, która wymaga dodatkowych technik. Jest to szczególnie ważne w przypadkach, gdy dostępna jest tylko bardzo ograniczona liczba próbek szkoleniowych. Niebezpieczeństwo polega na tym, że sieć prześciga dane o szkoleniach i nie wychwytuje prawdziwego procesu statystycznego generującego te dane. Teoria uczenia się komputerowego dotyczy klasyfikatorów szkoleń na ograniczonej liczbie danych. W kontekście sieci neuronowych prosty heurystyczny, zwany wczesnym zatrzymaniem, często zapewnia, że sieć dobrze uogólni się na przykładach, które nie znajdują się w zestawie szkoleniowym.

Innymi typowymi problemami algorytmu back-ropagagation są szybkość konwergencji i możliwość skończenia w lokalnym minimum funkcji błędu. Obecnie istnieją praktyczne rozwiązania, które sprawiają, że interpropagacja w wielowarstwowych perceptronach jest rozwiązaniem z wyboru dla wielu zadań uczenia się maszynowego.[1] W ramach tego badania rozważano wielowarstwowe perceptrony (MLP), które okazały się mieć najlepiej dopasowaną topologię do problemów klasyfikacji i inwersji.[9]

4.Sieci propagacji wstecznej

Poniższy wykres przedstawia tylną propagację NN:

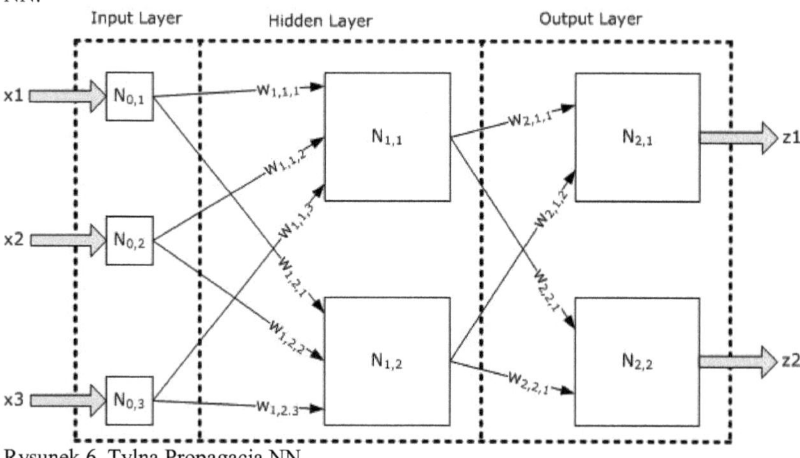

Rysunek 6. Tylna Propagacja NN

Ten NN składa się z trzech warstw:

1. Warstwa wejściowa z trzema neuronami.
2. Ukryta warstwa z dwoma neuronami.
3. Warstwa wyjściowa z dwoma neuronami.

Zauważ to:

1. Wyjście neuronu w danej warstwie trafia do wszystkich neuronów w następnej.
2. Każdy neuron ma swoje własne wagi wejściowe.
3. Przyjmuje się, że waga dla warstwy wejściowej wynosi 1 dla każdego wejścia. Innymi słowy, wartości wejściowe nie są zmieniane.
4. Wyjście NN osiągane jest poprzez zastosowanie wartości wejściowych do warstwy wejściowej, przekazując wyjście każdego neuronu do następnej warstwy jako wejście.
5. Tylna Propagacja NN musi mieć co najmniej warstwę wejściową i wyjściową. Może mieć zero lub więcej ukrytych warstw.

Ilość neuronów w warstwie wejściowej zależy od ilości możliwych wejść, natomiast ilość neuronów w warstwie wyjściowej zależy od ilości pożądanych wyjść. Liczba ukrytych warstw i ilość neuronów w każdej ukrytej warstwie nie może być z góry określona i może się zmieniać w zależności od konfiguracji sieci i rodzaju danych. Generalnie dodanie warstwy ukrytej może pozwolić sieci na poznanie bardziej złożonych wzorców, ale jednocześnie zmniejsza jej wydajność. Możesz rozpocząć konfigurację sieci za pomocą jednej ukrytej warstwy i dodać więcej ukrytych warstw, jeśli zauważysz, że sieć nie uczy się tak dobrze, jak chcesz. [17]

4.1.Szkolenie nadzorowane

Zanim sieć neuronowa zostanie wykorzystana do inwersji, konieczna jest faza szkolenia, podczas której sieć uczy się przybliżać relację wejścia-wyjścia. Ta faza treningu polega na znalezieniu wag i uprzedzeń minimalizujących funkcję kosztów, które charakteryzują proces uczenia się.[11]

Back Propagation NN działa w dwóch trybach, nadzorowanym trybie treningu i trybie produkcyjnym.

Krótki opis wdrażania MLP wraz ze szkoleniem w zakresie BP został przedstawiony w następujących siedmiu krokach :

Krok 1 . Inicjalizacja ciężarków i uprzedzeń

Krok 2 . Obecne wejścia i pożądane wyjścia

Krok 3 . Obliczanie rzeczywistych wyników

Krok 4.Skompiluj wyjście wynikowe z żądanym wyjściem dla danego wejścia. Nazywa się to błędem

Krok 5 . Aktualizacja wag i uprzedzeń dla wszystkich neuronów

Krok 6 .Błąd obliczeniowy średni kwadratowy SSE

Krok 7.Powtórzyć krok 2, aż SSE osiągnie wartość 0,005, co oznacza, że NN została przeszkolona pomyślnie, lub jeśli osiągniemy maksymalne iteracje (1000 iteracji), co oznacza, że trening NN nie zakończył się sukcesem.[20], [17]

Wyzwaniem jest znalezienie dobrego algorytmu aktualizacji wag i progów w każdej iteracji (krok 7) w celu zminimalizowania błędu.

Zmiana wagi i progu dla neuronów w warstwie wyjściowej różni się od warstw ukrytych. Należy pamiętać, że dla warstwy wejściowej, wagi pozostają stałe na poziomie 1 dla każdej z wag neuronów wejściowych.

Zanim wyjaśnimy szkolenie, zdefiniujmy, co następuje:

1. η the Learning Rate: rzeczywista stała liczbowa, zwykle 0,2 dla wyjściowych neuronów warstwy i 0,15 dla neuronów warstwy ukrytej.
2. Δ (Delta) zmiana: Na przykład Δ x jest zmianą w x. Należy pamiętać, że Δ x jest pojedynczą wartością, a nie Δ pomnożoną przez x.

4.1.1.Szkolenie w zakresie warstw wyjściowych

- Niech z będzie wyjściem neuronu warstwy wyjściowej.
- Niech y będzie pożądanym wyjściem dla tego samego neuronu, powinno być ono skalowane do wartości pomiędzy 0 a 1. Jest to idealne wyjście, które lubimy otrzymywać przy zastosowaniu danego zestawu wejść.
- Wtedy e (błąd) będzie:

e = z * (1 - z) * (y - z)   Równanie 6

Δ b = η * e ... Zmiana w równaniach b   7

Δ wi = Δ b * xi ... Zmiana masy na wejściu i neuronu   Równanie 8

Innymi słowy, dla każdego wyjściowego neuronu obliczyć jego błąd e, a następnie zmodyfikować jego próg (bias) i wagi za pomocą powyższych wzorów.

4.1.2.Szkolenie w zakresie warstw ukrytych

Rozważ ukrytą warstwę neuronu, jak pokazano na rysunku7

- Niech z będzie wyjściem neuronu z ukrytej warstwy.
- Niech mi będzie ciężarem neuronu Ni w warstwie następującej po obecnej. Jest to waga dla wejścia pochodzącego z aktualnej ukrytej warstwy neuronu.
- Niech ei będzie błędem (e) w neuronie Ni.
- Niech r będzie liczbą neuronów w warstwie następującej po aktualnej warstwie. (Na powyższym wykresie r=3).

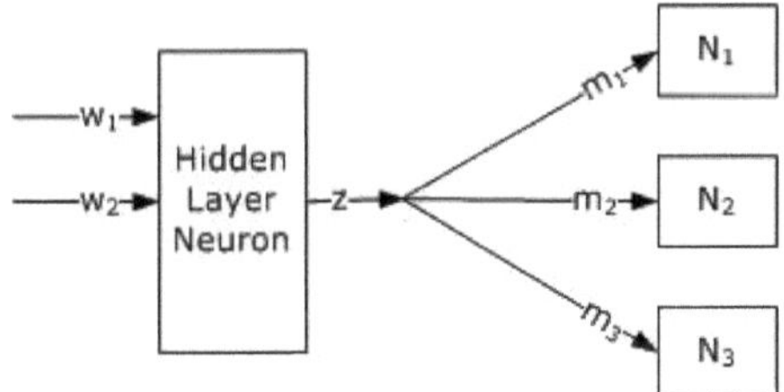

Rysunek 7. Neuron warstwy ukrytej

$g = \sum mi * ei$ ... (dla i=1 do r) Równanie 9

$e = z * (1 - z) * g$ ... Błąd w ukrytej warstwie neuron u Równanie10

$\Delta b = \eta * e$ ... Zmiana w θ Równanie 11

$\Delta wi = \Delta b * xi$ ... Zmiana wagi i Równanie12

Zauważ, że przy obliczaniu g, użyliśmy wagi mi i błędu ei z następnej warstwy, co oznacza, że błąd i wagi w tej następnej warstwie powinny być już obliczone. Oznacza to, że podczas iteracji treningu odwróconej propagacji NN zaczynamy modyfikować wagi na warstwie wyjściowej, a następnie przechodzimy kolejno do tyłu na warstwach ukrytych, aż do warstwy wejściowej. To właśnie ta metoda postępowania wstecz nadaje tej sieci nazwę Odwrotna Propagacja.[17]

5.Wielowarstwowy algorytm perceptronowy *wykorzystujący interpagację wsteczną*

Wielowarstwowy model perceptronu (MLP) wykorzystujący algorytm backpropagacji (BP) jest jednym ze znanych klasyfikatorów sieci neuronowych, który składa się ze zbiorów węzłów rozmieszczonych w wielu warstwach z połączeniami tylko między węzłami w sąsiednich warstwach za pomocą wag.[6] Warstwa, w której prezentowane są informacje wejściowe, jest znana jako warstwa wejściowa. Warstwa, w której pobierane są przetworzone informacje, nazywana jest warstwą wyjściową. Wszystkie warstwy pomiędzy warstwą wejściową a wyjściową są znane jako warstwy ukryte. Schemat modelu MLP warstwy przedstawiony jest na rysunku 8 .

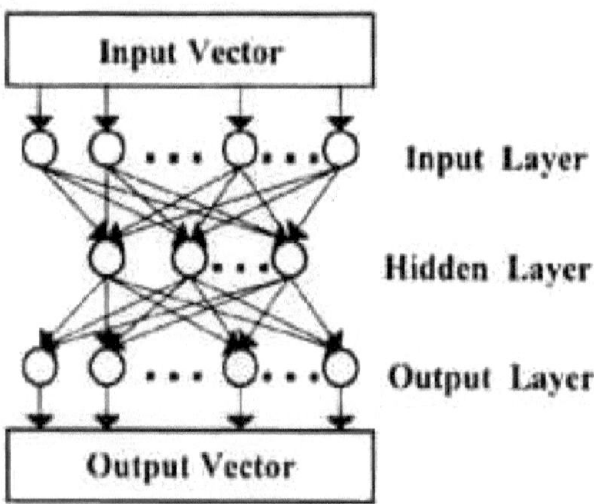

Rysunek 8. Schemat trójwarstwowego modelu MLP.

Dla wszystkich węzłów w sieci, z wyjątkiem węzłów warstwy wejściowej, całkowity wkład każdego węzła jest sumą ważonych wyjść węzłów w poprzedniej warstwie. Każdy węzeł jest aktywowany za pomocą wejścia do węzła oraz funkcji aktywacji węzła. Na rysunku 9 przedstawiono obliczenia węzła.

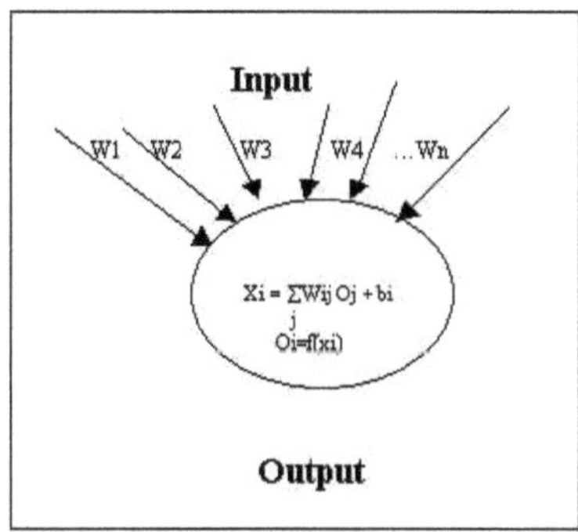

Rysunek 9. Obliczenia węzłów .

Wejście i wyjście węzła I (z wyjątkiem warstwy wejściowej) w trybie MLP, zgodnie z algorytmem BP, wynosi :

Wejście: $Z_i = \sum W_{ij} O_j + b_i$ Równanie 13

Wyjście: $O_i = f(Z_i)$ Równanie 14

Gdzie

W_{ij} : są to masy i-tego neuronu(masa połączenia od węzła I do węzła j)

O_{ij} to wejście w ith neuronie (N)

b_i : wartość liczbowa jest dodatkami skalarnymi zwanymi bias, które są uważane za masę jednostkowego wejścia dodatkowego [19].

F : funkcja aktywacji

Suma z równania (6) znajduje się nad wszystkimi węzłami J w poprzedniej warstwie. Funkcja wyjścia jest funkcją nieliniową, która pozwala sieci na rozwiązywanie problemów, których sieć liniowa nie może rozwiązać [3]. W niniejszym opracowaniu do określenia stanu wyjściowego wykorzystywana jest funkcja Sygmoida podana w równaniu (15).

$F(Z_i) = 1/(1+\exp(-Z_i)$ Równanie 15

Algorytm uczenia się metodą interpagacyjną (BP) ma na celu zmniejszenie błędu pomiędzy rzeczywistym wyjściem a pożądanym wyjściem sieci w sposób gradientowy. Błąd sumaryczny kwadratowy (SSE) jest zdefiniowany jako:

$SSE=1/2(\sum_{p}\sum_{i} Opi-tpi)^2$ Równanie 16

Gdzie p indeksuje wszystkie wzorce szkoleniowe, a i indeksuje węzły wyjściowe sieci. Opi i Tpi oznaczają odpowiednio rzeczywistą wartość wyjściową i pożądaną wartość wyjściową węzła, gdy wektor wejściowy p jest zastosowany w sieci.

Do szkolenia sieci wybiera się zestaw reprezentatywnych wzorców wejściowych i wyjściowych. Waga połączenia Wij jest regulowana podczas prezentacji każdego wzorca wejściowego. Wszystkie wzorce są wielokrotnie prezentowane w sieci, dopóki funkcja SSE nie zostanie zminimalizowana, a sieć nie "nauczy się" wzorców wejściowych. Zastosowanie metody gradientowego zejścia daje następującą regułę iteracyjnej aktualizacji wagi :

$\Delta wij\ (n+1) = \eta(\delta iOi + \alpha\Delta wij\ (n)$ Równanie 17

Gdzie
η: czynnik uczący się
α: czynnik pędu

gdzie wij (n+1) i wij (n) są wagami łączącymi węzły i iteracyjne (n+1) i n odpowiednio.

δi: błąd węzła, dla węzła wyjściowego I jest wtedy podawany jako

$\delta i = (ti-Oi)Oi(1-Oi)$ Równanie 18

Błąd węzła w dowolnym ukrytym węźle to

$\delta i=Oi(1-_{oj})\sum_{K}\delta kWki$ Równanie 19

Czynnik uczący się (η) i czynnik pędu (α) w równaniu (17) są ustawione odpowiednio na 0,01 i 0,9. Błąd sumaryczny kwadratowy (SSE) w równaniu (16) jest ustawiony na 0,003. [3]

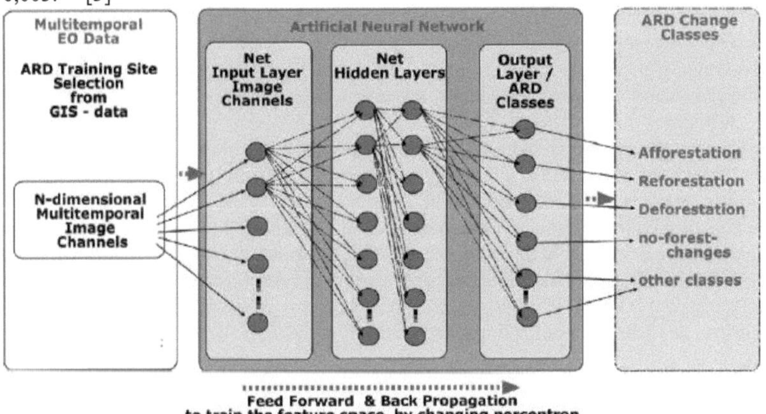

Rysunek 10. Wielowarstwowa struktura perceptronowej sieci neuronowej dla klasyfikacji zalesiania, ponownego zalesiania i wylesiania (ARD) z danymi wieloczasowymi.

6.Sieć neuronowa do celów klasyfikacji

Warstwa wejściowa jest zdefiniowana przez liczbę wejściowych kanałów danych lub warstw elementów, natomiast warstwa wyjściowa jest zdefiniowana przez liczbę pożądanych klas. Struktura sieci pomiędzy tymi dwoma warstwami składa się z warstw ukrytych o określonej liczbie jednostek ukrytych (lub neuronów). Liczba ukrytych węzłów zwykle określa się co najmniej jako liczbę węzłów w warstwie wejściowej. W oparciu o teorię Kołmogorowa, dla jednej warstwy ukrytej należy użyć 2N+1 węzłów ukrytych (gdzie N to liczba węzłów wejściowych).[3]

Dla każdego rodzaju obrazów można zaprojektować różne algorytmy sieci neuronowych (topologia).[9]

Przykład W przypadku danych obrazowych JERS-1/OPS wzór wejściowy składa się z jednego piksela i składa się z trzech pasm z dokładnością do 8-b/ pasma, co daje 24-b na wzór wejściowy.
Podobnie, węzły wyjściowe są określone przez liczbę kategorii, które mają być sklasyfikowane lub przez pożądane odwzorowanie wyjściowe. W tym przypadku klasyfikujemy cztery kategorie. W związku z tym mamy cztery bity na wzorzec wyjściowy. Każdy bit pożądanego wyjścia Tpi przedstawia stan 1 lub stan 0, stan 1 dla "należy do" i stan 0 dla "nie należy" do kategorii (np. 1 0 0 0 to pożądany wzorzec wyjściowy dla "należy" do kategorii 1).
Liczba ukrytych węzłów zwykle określa się co najmniej jako liczbę węzłów w warstwie wejściowej. W oparciu o teorię Kołmogorowa, 2N+1 węzłów ukrytych powinno być wykorzystane dla jednej warstwy ukrytej (gdzie N to liczba węzłów wejściowych). Dla 24 węzłów wejściowych będziemy mieli 49 ukrytych węzłów, co oznacza, że wybrana topologia dla sieci to 24-49-4[3].

Przykład Dla zdjęć Landsat wejścia do algorytmu są pobierane z 6 pasm, a następnie dzielone na trzy klasy. Wybrana topologia dla sieci neuronowej to 6-9-9-3.[9] W przypadku zdjęć Landsat'a wejścia do algorytmu są pobierane z 6 pasm.

Przykład Obraz Quickbird posiada 4 wejścia odpowiadające 4 dostępnym pasmom (R, G, B, IR). Wynikiem były cztery klasy. Wybrana topologia dla sieci neuronowej to 4-20-20-4.[9]

6.1.Oprogramowanie

Program MATLAB[3],program PCI

6.2.Sieci neuronowe a klasyfikacja statystyczna

Metody klasyfikacji oparte na sieciach 1-Neural nie są zależne od statystycznych rozkładów widmowej odpowiedzi różnych klas w zbiorach danych testowych i szkoleniowych [4],[14],[9].

Metody klasyfikacji oparte na sieciach 2-Neuralnych nie są zależne od wyboru wielkości zbiorów danych szkoleniowych i charakterystyki przestrzennej, jak również współczynnika skalowania[4].

Metody klasyfikacji oparte na sieciach 3-Neural Networks są wystarczająco dokładne przy małych rozmiarach zestawu danych szkoleniowych i dużym współczynniku skalowania. [4]

Sieci 4-Neuralne wykazują interesujące właściwości, takie jak zdolność do uczenia się i szybki czas klasyfikacji.[16]

5- Dane wieloźródłowe i domenowe mogą być łatwo integrowane i dodawane do sieci poprzez dodanie dodatkowych węzłów wejściowych.[8],[9] Klasyfikacje parametryczne nie nadają się do klasyfikacji obrazów wielosensorowych, ponieważ dane pozyskiwane przez różne czujniki często wymagają różnych modeli statystycznych. Natomiast klasyfikatory nieparametryczne są bardziej odpowiednie, ponieważ nie opierają się na modelach a priori. W kontekście nieparametrycznych klasyfikatorów obrazów teledetekcyjnych z wielu czujników sieci neuronowe należą do najbardziej obiecujących.[16]Wykorzystanie danych wieloczasowych w jednym procesie klasyfikacji jest proste i korzystne, ponieważ nie wprowadza skumulowanych błędów w procedurach porównawczych po klasyfikacji. Wytrenowana sieć neuronowa może wykonywać detekcję zmian na podstawie piksel po pikselu lub obiekt po obiekcie w czasie rzeczywistym. Sieć może być przeszkolona bezpośrednio z informacjami kontekstowymi za pomocą okna zestawu danych, bez konieczności uzyskiwania konkretnych miar tekstury wtórnej z utratą informacji.[8]

Niektóre z wad zastosowania sieci neuronowych to czarna skrzynka sieciowa, słabe tło teoretyczne (które może być również interpretowane jako zaletę) oraz złożony, podatny na błędy i intensywny obliczeniowo etap szkolenia, który musi być powtarzany za każdym razem, gdy zmienia się charakter zbioru danych wejściowych.8] Ponadto, w zależności od przyjętego modelu, ich zastosowanie powoduje również pewne problemy, takie jak brak precyzyjnych zasad definiowania architektury sieci, długi czas szkolenia.[16], wielkość próby szkoleń, algorytmy uczenia się oraz liczba iteracji wymaganych do przeprowadzenia szkolenia.[22]

6.3. Wydajność różnych algorytmów sieci neuronowych

Efektywność różnych modeli sieci neuronowych, zależność od architektury (liczba ukrytych neuronów), wielkość zbioru treningowego i współczynnik skalowania (stosunek wielkości zbioru danych testowych i treningowych).[4] W tabeli 1 przedstawiono badania porównawcze modeli sieci neuronowych do klasyfikacji zdjęć satelitarnych.

Tabela 1. Badania porównawcze modeli sieci neuronowych do klasyfikacji zdjęć satelitarnych.

Modele sieci neuronowych	Najlepszy model
▪ Sieci neuronowe typu Crisp ▪ Sieć neuronowa o działaniu synaptycznym rozmytym ▪ Sieci neuronowe o ograniczonych połączeniach opartych na znaczeniu spektralnym (hierarchiczne sieci neuronowe)[4]	Sieci neuronowe typu Crisp Ze względu na większą dokładność i zmniejszoną wielkość danych dotyczących prawdy gruntowej w porównaniu z klasyfikatorami statystycznymi.
▪ Perceptron wielowarstwowy (MLP) ▪ Probabilistyczne sieci neuronowe (PNN) ▪ Sieci Radial Basis Function (RBF) ▪ rodzaj strukturyzowanych sieci neuronowych (SNN).[16]	Perceptron wielowarstwowy (MLP)

7.Wykrywanie zmian

Wykrywanie zmian można zdefiniować jako proces identyfikacji różnic w stanie obiektu lub zjawiska poprzez obserwację go w różnym czasie.[10] Konwencjonalne techniki wykrywania zmian to bezpośrednia klasyfikacja wielodniowa, różnicowanie obrazów, różnicowanie wskaźników roślinności, analiza składników głównych (PCA), analiza wektorów zmian, wykrywanie zmian porównawczych po klasyfikacji. Do detekcji zmian można wykorzystać sieć neuronową. Tabela 2 przedstawia badania porównawcze konwencjonalnych technik wykrywania zmian i sieci neuronowej.

7.1.Techniki wykrywania zmian za pomocą sieci neuronowej

7.1.Techniki wykrywania zmian za pomocą sieci neuronowej

7.1.1. Porównanie po klasyfikacji

To proste podejście polega na porównaniu prawidłowo zakodowanych wyników dwóch oddzielnych klasyfikacji (klasyfikacja oparta na sieci neuronowej). Zazwyczaj mapa z czasu t1 jest porównywana z mapą wytworzoną w czasie t2[13] Dwie mapy klasyfikacyjne powstały w wyniku klasyfikacji sieci neuronowych, która następnie została wykorzystana do stworzenia map wykrywania zmian.[9] i otrzymano kompletną matrycę zmian kategorycznych.[13] W szczególności, wykrywanie zmian jest oceniane w odniesieniu do pikseli, które przeszły z danej klasy do innej.[9]

7.1.2.Bezpośrednia klasyfikacja wielopoziomowa

Klasyfikacja pojedynczego połączonego zbioru danych składającego się z dwóch lub więcej dat w celu zidentyfikowania obszarów zmian [10],[13] Na przykład, w dwudniowym, współrejestrowanym zbiorze danych Landsat z jego sześcioma pasmami, jeden zbiór danych składający się z 12 pasm TM Landsat, sześciu od czasu t1 i sześciu od czasu t2 został wytworzony, a następnie sklasyfikowany w jednym czasie w modelu sieci neuronowej. Ustawienia architektoniczne zostały zdefiniowane w następujący sposób: użyto czterowarstwowej, w pełni połączonej sieci z algorytmem uczenia się wstecznej propagacji. Sieć miała sześć węzłów w warstwie wejściowej, ponieważ dla każdej daty dostępne były tylko trzy pasma obrazów. Warstwa wyjściowa miała po jednym węźle dla każdej z 16 klas zmian (tj. bezpośrednie kodowanie wyjścia), a dwie pośrednie (ukryte) warstwy miały po 6 węzłów.[13] Należy wspomnieć, że metoda ta jest również uważana za mniej zależną od dokładnej rejestracji obrazu.[13]

7.2.Metody oceny dokładności

Oceny dokładności można dokonać za pomocą ogólnej dokładności i współczynnika Kappa.

Tabela 2. Badania porównawcze konwencjonalnych technik wykrywania zmian i sieci neuronowej

Techniki	Najlepsza metoda
Klasyfikacja na podstawie ▪ Sieć neuronowa do wstecznej propagacji ▪ Klasyfikator maksymalnego prawdopodobieństwa ▪ Klasyfikator minimalnej odległości ▪ Klasyfikator równoległościenny[25]	Sieć neuronowa do wstecznej propagacji
▪ Po klasyfikacji przy użyciu klasyfikacji bez nadzoru przy użyciu ISODATA ▪ Analiza korelacji krzyżowej ▪ Sieci neuronowe ▪ Segmentacja obrazu i klasyfikacja obiektowa[24]	▪ Nienadzorowana klasyfikacja przy użyciu ISODATA ▪ Analiza korelacji krzyżowej
▪ Sztuczna sieć neuronowa ANN Algorytm Levenburga-Marquarta ▪ Porównanie po klasyfikacji	▪ Sztuczna sieć neuronowa ▪ ANN Algorytm Levenburga-Marquarta
▪ Porównanie po klasyfikacji ▪ Sztuczna sieć neuronowa	Sztuczna sieć neuronowa Ale błędy Komisji i pominięcia nie mają zastosowania

8. Wniosek

- Badanie to wskazuje na potencjał sieci neuronowych do analizy wykrywalności zmian.[8] Procedury po klasyfikacji mogą być łączone z sieciami neuronowymi, ale wadą strategii po klasyfikacji jest nagromadzenie błędów w dwóch równoległych klasyfikacjach. Niemniej jednak procedury po klasyfikacji były w przeszłości stosowane jako standardowe metody referencyjne do celów porównawczych z innymi metodami.[8]

- Bezpośrednia klasyfikacja wielopoziomowa przy użyciu sieci neuronowej jest mniej wrażliwa na błędne rejestracje geometryczne i radiometryczne ze względu na wielorozdzielcze podejście do ekstrakcji cech zawarte w module wyszukiwania. Można śmiało stwierdzić, że metoda ta jest lepsza od opartej na neuronowych porównaniach po klasyfikacji.

- Optymalna struktura sieci zależy od potrzeb aplikacji i jest trudna do przewidzenia.[8] W szczególności czas szkolenia lub topologie sieci zostały zoptymalizowane.[9]

- Stwierdzono, że model sieci neuronowej MLP wykorzystujący algorytm BP do klasyfikacji jest łatwo modyfikowany, aby pomieścić więcej kanałów lub uwzględnić informacje przestrzenne i czasowe. Warstwa wejściowa sieci może być po prostu rozszerzona w celu przyjęcia dodatkowych danych. Choć jest ona wolna do treningu, to jednak w stanie klasyfikacji jest szybka.[3]

- Do celów wykrywania zmian proponuje się bezpośrednią klasyfikację wielopoziomową z wykorzystaniem algorytmu sieci neuronowej MLP z algorytmem treningu propagacji wstecznej.

Referencje

1-" **Artificial neural network From Wikipedia, the free encyclopedia." http://**

2- *Gerrit Huunemna, Lucas Broekema* " **Klasyfikacja danych z wielu czujników przy użyciu kombinacji technik analizy obrazu"** ACRS **1996**

3-Yuttapong Rangsaneri, Punya Thitimajshima i Somying Promcharoen" A **Study of Neural Network Classification of Jers-1/Ops Images. " ACRS** 1998 http://www.GISdevelopment.net/aars/acrs/1998/ps1/ps1012pf.htm

4-Purnima *Pandey, Suju M. George, P. Ram Babu i P. Khanna* **"Alternatywne narzędzia sieci neuronowej do klasyfikacji wzorów w zdjęciach satelitarnych."** http://www.GISdevelopment.net/technology/ip/techip0001pf.htm

5-Lionel Beauge, Alain Ketterlin, Ahamad Tajudin Khader, Ruslan Rainis,, Jersy Korczak" **Kombinacja symbolicznego i naturalnego klasyfikatora stosowanego do obrazów teledetekcyjnych Przypadek badania: Wyspa Penang" ACRS** 1997

6-Kobchai *Dejhan, Sompong Wisetphanichkij, Prasit Kerdyou, Fusak Cheevasuvit, Somsak Mitatha, Chanchai Pienvijarnpong, Chatcharin Soonyeekan"* **Ocena obszaru *zalewowego za* pomocą Fused Multi-Spectral Multi-Sensor przy użyciu Texture Feature Analysis i klasyfikacji sieci neuronowej. " ACRS2000**

7-Arpad Barsia, Christian Heipke **"Artificial neural networks for the detection of road junctions in aerial images." ISPRS** Archives, Vol. XXXIV, Part 3/W8, Monachium, 17.-19. Wrzesień 2003 r.

8-S. *Hese*, C. Schmullius* **"Wykrywanie zmian pokrywy leśnej na Syberii."** www.ipi.uni-hannover.de/html/ publikationen/2003/workshop/hese.pdf

9- *F. Del Frate , G. Schiavon, C. Solimini* " Korzystanie **z danych satelitarnych o wysokiej rozdzielczości**
do wykrywania zmian w obszarach miejskich. "
Earth.esa.int/rtd/Events/ ESA-EUSC_2005/Ar48_Del_Frate.pdf

10 *Singh, A.* **"Cyfrowe techniki wykrywania zmian za pomocą danych teledetekcyjnych" INT.J.Remote** Sensing,1989 Vol .10.No .6, 989-1003

11-F. *Del Frate**, *G. Schiavon, C. Solimini* **"Wykorzystanie danych satelitarnych o bardzo wysokiej rozdzielczości do wykrywania zmian w obszarach miejskich".** earth.esa.int/rtd/Events/ ESA-EUSC_2005/Ab48_Del_Frate.pdf

12-XiaoHang *Liu* **"Change Detection for Urban Growth Modeling an artificial neural network approach" IV** Międzynarodowa Konferencja w sprawie Integracji Systemu Informacji Geograficznej i Modelowania Środowiska (GIS/EM4): Problems, Prospects and Research Needs.Banff, Alberta, Kanada, 2-8 września 2000.

13- *uis M. T. de Carvalho; Jan G. P. W. Clevers; Steven M. de Jong, Andrew K. Skidmore4* **"A new procedure for forestry database updating with GIS and remote sensing" Cerne,** Lavras, v.9, n.2, s. 164-177, jul./dez. 2003

14- *Meritxell Gimeno. Jesus San-Miguel Ayanz* **" Ocena danych RADARSAT-1 do identyfikacji spalonych obszarów w południowej Europie."**

15- *M. Cetin, T. Kavzoglu, , N. Musaoglu* **"Klasyfikacja obrazów wielo-spektralnych, wieloczasowych i wieloczujnikowych z wykorzystaniem analizy głównych składników i sztucznych sieci neuronowych: przypadek beykoz".**

16- *F. Roli, S.B. Serpico, L. Bruzzone i G. Vernazza* **"Klasyfikacja wielospektralnych obrazów teledetekcyjnych przez sieci neuronowe".**

17- *Abdul Habra* **"Sieci neuronowe - wprowadzenie" Październik** 2005 r.

18-**"Wprowadzenie do sieci neuronowych z propagacją wsteczną."**

19- *P. Boccardo , E. Borgogno Mondino F. Giulio Tonolo, A. Lingua*"**Ortorektyfikacja zdjęć satelitarnych wysokiej rozdzielczości".** www.isprs.org/istanbul2004/comm1/papers/6.pdf

20 Rozdział 4 Aplikacja sieci neuronowej do wykrywania chmur w obrazach roślinności punktowej http://www.theses.ulaval.ca/2004/21726/ch04.html

21- *Shuhab* D. Khan **"Teledetekcyjne wykrywanie zmian cyfrowych w celu zbadania rozwoju miast i jego związku z powodzią w Houston w Teksasie"** Environmental Institute of Houston - Raport roczny 2004 - 10-11

22-Mahesh *Pal i Paul M Mather* **" Support Vector classifiers for Land Cover Classification." GISdevelopment**.net

23-John *A.Richards.Xiuping Jai* **"Cyfrowe przetwarzanie obrazu za pomocą teledetekcji". Wydanie trzecie 1999 r.**

24- *Daniel L.Civco , James D.Hurd, Emily H.nilson, Mingjun song, Zhenkui Zhang* **"A comparison of land use and land cover change detection methods." 2002 ASPRS-ACSM** coroczna konferencja FIGXXII kongres kwiecień 22-26 , 2002

25- *Diaoge Zhu* **"Teledetekcyjny monitoring zmian linii brzegowej w ujściu rzeki perły" 22.** konferencja azjatycka na temat teledetekcji 5-9 listopada 2001 r. http://www.crisp.nus.edu.sg/~acrs2001/pdf/322ZHU.pdf

Spis treści

39

yes I want morebooks!

Buy your books fast and straightforward online - at one of world's fastest growing online book stores! Environmentally sound due to Print-on-Demand technologies.

Buy your books online at
www.morebooks.shop

Kaufen Sie Ihre Bücher schnell und unkompliziert online – auf einer der am schnellsten wachsenden Buchhandelsplattformen weltweit! Dank Print-On-Demand umwelt- und ressourcenschonend produziert.

Bücher schneller online kaufen
www.morebooks.shop

KS OmniScriptum Publishing
Brivibas gatve 197
LV-1039 Riga, Latvia
Telefax: +371 686 204 55

info@omniscriptum.com
www.omniscriptum.com

Printed by Books on Demand GmbH, Norderstedt / Germany